Yth
586

# LA CANNE

D'UN

# GRAND HOMME

Comédie-vaudeville en un acte

PAR

ÉMILE CHEVALET

Représentée pour la première fois, à Paris, sur le théâtre des Champs-Elysées, le 10 juin 1862.

PARIS

IMPRIMERIE COSSON ET COMPAGNIE, RUE DU FOUR-SAINT-GERMAIN, 43.

**En vente au bureau du *Jacques Bonhomme*, rue de Babylone, 58.**

PRIX : UN FRANC

## PERSONNAGES ET ACTEURS

| | |
|---|---|
| LANGLUMÉ, commerçant retiré... | M. DAUBRAY. |
| SÉRAPHINE, sa fille ............ | Mlle RITZA. |
| HONORÉ BAUDRILLARD, commis voyageur. ................. | M. ALEXIS. |
| LIÈVRE, huissier............... | M. TERRAL. |
| NANETTE, servante ............ | Mlle ABEL. |

*La scène se passe à Montargis.*

---

L'auteur s'associe avec un vrai plaisir aux éloges unanimes que la presse a accordés aux intelligents interprètes de cet ouvrage. Mademoiselle Ritza et M. Daubray, particulièrement, ont créé leurs rôles avec un soin qui leur fait le plus grand honneur. Impossible d'avoir plus de feu et d'originalité que mademoiselle Ritza, qui est évidemment appelée à briller au théâtre. — Quant à M. Daubray, il a montré qu'il sait puiser ses inspirations aux bonnes sources, et qu'il possède cette veine communicative, au contact de laquelle éclate le franc rire. — M. Alexis est un bon type de commis voyageur et M. Terral un huissier qui fera parler de lui par ses exploits.

On paraît généralement satisfait du service de mademoiselle Abel.

# LA CANNE
#### d'un
# GRAND HOMME

#### Comédie-vaudeville en un acte

Le théâtre représente le cabinet de travail de Séraphine. Bureau chargé de papiers, livres, brochures, etc. — Une porte latérale, — porte au fond.

## SCÈNE PREMIÈRE

NANETTE, *seule. — Elle range le cabinet, fouille dans les papiers et lit en épelant.*

La mu-se pro-vin-ciale.... La Sapho du Gâ-ti-nais.... C'est un fruit du pays, ça.... en voilà des petits bouts de ligne ! Vers a un inconnu, par Séraphine Langlumé.—Mademoiselle !.... C'est donc ça qu'elle gribouille du matin au soir ! Elle pourrait bien, au moins, écrire tout du long des lignes ; elle y met assez de temps. Huit heures !.... dépêchons ! Que de paperasses !.... on se croirait dans le cabinet d'un procureur. Si les rats de Montargis avaient le nez fin, ils se donneraient tous rendez-vous ici. Soyez donc riche, jeune, jolie, pour vous enfermer ainsi toute la journée à tremper vos doigts dans l'encre, à écrivasser un tas de bêtises, quoi ! Et la nuit, elle soupire, va, vient, déclame !... Il lui faudrait un mari pour l'occuper.... Ah bien oui ! un mari.... c'est trop matériel.

Air : *En vérité, je vous le dis.* (Bérat.)

La triste chose qu'un mari
Pour une femme vaporeuse
Qui se nourrit de viande creuse,
Vivant d'air comme un colibri.
Mais pour qui craint de rester fille
Et cherche en ménage un abri,
Pour qui veut l'ordre et la famille,
La belle chose qu'un mari !

Chacun son goût !... (*On frappe.*) Entrez !

## SCÈNE II

#### NANETTE, LIÈVRE.

LIÈVRE, *entr'ouvrant la porte ; — il a un bandeau sur l'œil.*

Risquerai-je ?

NANETTE, *vivement.*

Chut !

(*Lièvre referme la porte sans entrer.*)

M. Lièvre, le successeur de l'huissier Mulochot.... un prétendant. Il dit qu'il vient pour mademoiselle, mais c'est toujours à moi qu'il s'adresse.

LIÈVRE, *rentrant à moitié.*

Adorable soubrette, un œil... rien qu'un œil !

NANETTE.

Vous auriez bien de la peine à en montrer deux.

LIÈVRE.

Méchante ! cela viendra !

NANETTE.

Allons, entrez, puisque mam'selle n'y est pas.

LIÈVRE.

O Hébé! chambrière des Muses, votre beauté m'éblouit !

NANETTE.

Dites plutôt qu'elle vous éborgne.

LIÈVRE.

Comment se porte mademoiselle Langlumé, la divine Séraphine ?

NANETTE.

Elle se porte.... aux extravagances.

LIÈVRE.

Si elle pouvait faire celle de m'épouser !

NANETTE.

Avec votre bandeau ?

LIÈVRE.

AIR : *J'étais alors homme du monde. (Les Duels.)*

N'allez pas médire, ma chère,
Du bandeau qui couvre mon œil,
Plus d'une femme en serait fière,
Et je le montre avec orgueil,
Oui, je le montre avec orgueil.
Ce vêtement, l'amour le porte
Sur les deux yeux, sachez cela.

NANETTE.

Je rirais de la bonne sorte,
Si vous n'aviez que celui-là ;
Un homme tourné de la sorte
Serait drôle comme cela. (*Bis.*)

LIÈVRE.

Ah ! Séraphine n'est qu'insensible, mais vous êtes cruelle, vous !.... Dites-moi, ma petite Nanette....

NANETTE.

Que voulez-vous, grand bébête ?

LIÈVRE.

Adorable ! dites-moi : serait-il possible que j'espérasse.... me serait-il permis sans que je me flattasse....

NANETTE.

Non !

LIÈVRE.

Elle me rejette ?....

NANETTE.

Oui !

LIÈVRE.

Sur quels considérants ?....

NANETTE.

Elle vous trouve laid.

LIÈVRE.

Je proteste !

NANETTE.

Condamné sans appel.... avec dépens. Payez et hors de cour.

LIÈVRE.

Tudieu ! vous connaissez la procédure.

NANETTE.

On n'est pas de Montargis pour rien.

LIÈVRE.

Il est de fait que notre bonne ville est célèbre par un procès...

AIR du *Roi d'Yvetot*.

Il était un chien bien appris,
   Son pareil est à naître,
Fameux dans tout notre pays,
   Qui, plaidant pour son maître,
Se montra des plus éloquents,
Prenant pour moyens d'arguments
     Ses dents.
Oh! oh! oh! oh! ah! ah! ah! ah!
Combien je connais d'avocats
    Comme ça !

NANETTE.

Voulez-vous vous taire !.... vous allez réveiller mademoiselle.

LIÈVRE.

Ah ! étourdi !.... (*Se tournant du côté de la chambre de Séraphine.*) Dors, ange des cieux, dors, Séraphine, ton poétique sommeil.

NANETTE.

Mais allez-vous-en donc, puisque vous êtes congédié.

LIÈVRE.

Sans la moindre compensation ?

NANETTE.

Que vous faut-il ?

LIÈVRE.

Un baiser.... un tout petit baiser... après quoi je rebondirai sur la raquette de vos commandements.

NANETTE.

Et dans l'escalier, si vous ne détalez au plus vite.

LIÈVRE.

Peste !... vous me feriez croire, mademoiselle....

NANETTE.

Que vous êtes dans l'exercice de vos fonctions.

LIÈVRE.
Vous me mettez sur le matelas de la mystification.

NANETTE.
Plaignez-vous donc, quand vous mettez les autres sur la paille.

LIÈVRE.
Encore !.... Un baiser, je le veux.

NANETTE.
Je ne paye pas sur commandement d'huissier.

LIÈVRE.
Je m'en vais.... je suis hors de moi.

NANETTE.
Qu'est-ce que vous faites donc ? vous allez sortir par la fenêtre.... Ce que c'est que l'habitude !

ENSEMBLE.

LIÈVRE.
Me railler de la sorte?
Je saurai me venger.
Je sens que je m'emporte,
Il vaut mieux déloger.
(*Il sort.*)

NANETTE.
Allons, prenez la porte,
Il vous faut déloger.
M'ennuyer de la sorte,
C'est assez vous venger !

## SCÈNE III

NANETTE, *seule*.

Ce flandrin-là m'a fait perdre mon temps !... Bon, une feuille qui s'envole.... quelque poésie légère.... En voilà-t-il ? Dire que tout cela servira un jour à entortiller du tabac pour les militaires.... Ne dérangeons rien, je ne serais pas à la noce !.... Un demi-coup de plumeau et ma besogne est faite.... Ah !.... ce bougeoir. (*Elle prend le bougeoir et le nettoie sur le devant de la scène.*)

## SCÈNE IV

NANETTE, BAUDRILLART.

(*Baudrillart entre par le fond et pose sa canne dans un coin.*)

BAUDRILLART.
M'y voici !.... (*Apercevant Nanette.*) Eh ! le joli brin de fille ! Ma foi, on prend son bien où on le trouve! comme dit le proverbe. (*Il embrasse Nanette.*)

NANETTE, *se retournant, donne un soufflet à Baudrillart.*
Encore vous ?....

BAUDRILLART.
Aïe ! bien volé ne profite jamais, comme dit le proverbe.

NANETTE, *confuse*.
Ah! monsieur.... pardon !.... je....

BAUDRILLART.
Bah! un baiser vaut un soufflet.... un soufflet vaut un baiser.... Nous sommes quittes.

NANETTE.
Je vous ai pris pour M. Lièvre.

BAUDRILLART.
Quel est ce gibier ?

NANETTE.
Un prétendant à mademoiselle.

BAUDRILLART, *à part*.
Un rival !.... Corsaires contre corsaires ne font pas leurs affaires, comme dit le proverbe ? (*Haut.*) Donc, mademoiselle...

NANETTE.
Nanette, pour vous servir!....

BAUDRILLART.
Eh ! eh ! bon pied, bon œil.... et une taille !....

NANETTE.
Monsieur n'est pas de Montargis ?

BAUDRILLART.
Non, j'y arrive pour la première fois. Je suis bien ici au domicile de M. Langlumé, ex-négociant en caoutchouc.... un homme honorable... Dis-moi qui tu hantes, je te dirai...

NANETTE.
M. Langlumé est sorti.

BAUDRILLART.
Doit-il rentrer ?

NANETTE.
Pour déjeuner.... dans une heure....

BAUDRILLART.
Bon !.... J'ai grand'faim.... ah ! çà, j'espère qu'on déjeune bien, céans ?....

Air de *Marianne*.

Au reste, il me faut peu de chose,
Un bifteck, un blanc de poulet,
Pour poisson, j'aime assez l'alose,
Pour entremets, des œufs au lait.
    Puis une poire,
    Enfin, à boire
Un bon vin vieux venu de Bergerac.
    Que l'eau-de-vie,
    Je vous en prie,
    Soit de Cognac
Et non pas d'Armagnac.
Je n'entends pas que l'on lésine,
Je mange chaud et je bois frais.
Je viens de vous parler français...

NANETTE.

Du français de cuisine.

Mais, monsieur....

BAUDRILLART.

C'est juste!... je vous suis inconnu. Il faut, comme on dit, montrer son passe-port.... mais, pour l'instant... Je reviendrai dans une heure.

NANETTE.

Monsieur veut-il parler à mademoiselle?... Elle finit de s'habiller...

BAUDRILLART.

La déranger!... j'en serais désolé... A propos, on la dit belle.

NANETTE.

Ça dépend des goûts.

BAUDRILLART.

Des goûts et des couleurs il ne faut pas disputer, comme dit le proverbe; mais si la maîtresse répond à la suivante...

NANETTE.

Monsieur veut me flatter...

BAUDRILLART.

Si je ne dis pas la vérité, que ce baiser me brûle les lèvres! (*Il l'embrasse.*)

NANETTE.

Mais, monsieur, vous ne vous gênez pas...

BAUDRILLART.

Où il y a de la gêne, pas de plaisir, comme dit le proverbe.

NANETTE.

Quel gros original vous faites!...

BAUDRILLART.

A bientôt, chère petite, et honni soit qui mal y pense! (*Il sort en oubliant sa canne.*)

## SCÈNE V

NANETTE, *seule*.

Est-il entreprenant, ce gros réjoui!... C'est égal... il me revient assez tout de même. C'est qu'il m'a embrassée pour de bon... et avec de jolies manières, encore! Qui ça peut-il être? M. Langlumé ne reçoit guère d'étrangers et n'attend personne, que je sache... Si tant seulement il m'avait dit son nom... Ah!... voici mademoiselle.

## SCÈNE VI

SÉRAPHINE, NANETTE.

SÉRAPHINE.

Mon cabinet est rangé?

NANETTE.

Oui, mademoiselle.

SÉRAPHINE.

C'est bien... laissez moi. J'ai à jeter sur le papier les méditations de la nuit... Ah!... la diligence de Paris est-elle arrivée?...

NANETTE.

Oui, mademoiselle... il y a bien une grande demi-heure.

SÉRAPHINE.

Vous en êtes sûre?

NANETTE.

Pardi! même que le postillon a fait claquer son fouet devant moi et m'a dit : « Bonjour, belle Nanette ! »

SÉRAPHINE.

On vous dispense de ces détails. Être aimée d'un postillon ! le bel avantage !

NANETTE.

Dame! mademoiselle, pour une fille comme moi, c'est le moyen de faire son chemin.

SÉRAPHINE.

Il n'est venu personne?

NANETTE.

Faites excuse : M. Lièvre.

SÉRAPHINE.

Fi !

NANETTE.

Ah!... il s'est présenté aussi un inconnu

que je ne connais pas. Il a demandé M. Langlumé.

SÉRAPHINE, *vivement*.
Et il n'a pas parlé de moi?

NANETTE.
Oh! que si, mademoiselle.. Il m'a demandé si vous étiez jolie...

SÉRAPHINE.
Vraiment!... Est-il bien de sa personne, ce monsieur?

NANETTE.
Pas mal!... C'est un gros avec des grands cheveux, des yeux à fleur de tête, un pantalon...

SÉRAPHINE.
Faites-nous grâce de cet accessoire... Doit-il revenir?

NANETTE.
Il ne tardera pas... il s'est invité à déjeuner!...

SÉRAPHINE.
Il suffit... Sortez.

NANETTE.
Il est très-aimable... il m'a embrassée...

SÉRAPHINE.
Vous en irez-vous?... (*Nanette sort.*)

## SCÈNE VII

SÉRAPHINE, *seule, avec exaltation*.

Pas de doute... c'est lui!.. il répond à mon appel... L'odieux mariage dont on me menaçait n'aura pas lieu... Non, homme que j'ai rêvé, homme que j'aime sans le connaître... Que dis-je? je te connais par ce qu'il y a de meilleur en toi.. par ton génie. Non, tu ne voudras pas que je devienne la proie d'un autre... ô mon libérateur!... je t'appartiendrai. — Il est évident que c'est lui qui est venu. Quel autre étranger pourrait se présenter chez mon père le jour même que j'ai indiqué à mon illustre amant? Par la diligence... comme un obscur voyageur!... Eh bien! oui, c'est ainsi que je m'attendais à le voir venir!

Partant pour ce voyage
Par l'amour inspiré,
En public équipage
Tu t'es aventuré.

Ô nature loyale,
Mon âme te comprend;
Monté sur l'impériale,
Tu me parais plus grand!

Il est venu et je ne l'ai pas vu! Quelle excessive délicatesse! Il a craint qu'une secousse trop vive... Il veut voir mon père le premier. Ah! je pourrai donc bientôt feuilleter à loisir ce noble cœur, dont chaque page est un poëme, en sonder les abîmes, en gravir les hauteurs pittoresques... Je serai sa femme!... Mais si je me trompais! si ce n'était pas lui! Quoi! pas un mot... pas un indice qui puisse me faire comprendre... Voyons... une pensée... un vers... une fleur... rien!... je ne trouve rien!... Ah! une canne... cette canne... qui l'a laissée?... C'est lui!... ma main tremble en la touchant... Un chiffre... H. B!... ses initiales!... Plus de doute!.. cette canne miraculeuse... la voilà! ô joie! ô transport! c'est trop pour une faible femme!... Je ne peux renfermer en moi tant de bonheur!.. il faut que je l'épanche dans... une ode... un chant du crépuscule... une orientale.. une harmonie... les vers jaillissent. (*Elle se met à déclamer avec feu.*)

Ô canne!
Sceptre de mon sultan, je serai sa sultane,
Il me jettera le mouchoir!
Le navire de mon espoir,
Ballotté sur les flots, battu par les orages,
Du bonheur touche les rivages.
Plus d'ouragan, plus de ciel noir,
Désormais je puis mettre en panne,
Ô canne!
Ô canne! ô canne!...
(*Elle gesticule avec la canne.*)

## SCÈNE VIII

SÉRAPHINE, LANGLUMÉ.

LANGLUMÉ.
Puis-je entrer, Séraphine?

SÉRAPHINE.
Mon père!.... oh! vous me dérangez toujours quand l'inspiration....

LANGLUMÉ.
Encore!.... je ne suis pas heureux.... Allons.... pardonne-moi, je reviendrai plus tard.

SÉRAPHINE.
Je composais une strophe admirable.
LANGLUMÉ.
Une..... comment appelles-tu ça ?.....
n'importe..... continue.... va ton train....
SÉRAPHINE.
Je dis une strophe....
LANGLUMÉ.
On te reconnaîtrait, rien *qu'à ta strophe.*
SÉRAPHINE.
Puisque vous êtes venu, restez.... j'ai à
vous parler.
LANGLUMÉ.
Ah ! que tu es aimable !
SÉRAPHINE.
O mon père !
LANGLUMÉ.
Ma fille !....
SÉRAPHINE.
Je suis bien heureuse.
LANGLUMÉ.
Dame ! je fais mon possible pour cela.
SÉRAPHINE.
Je touche à un moment décisif pour moi.
LANGLUMÉ.
Pour nous deux, ma bonne Séraphine....
pour nous deux.... Le mariage....
SÉRAPHINE.
Sera l'objet de notre conversation.
LANGLUMÉ.
Ah ! tu te décides?
SÉRAPHINE.
Une conversation sérieuse.
LANGLUMÉ.
Définitive ?
SÉRAPHINE.
Oui.
LANGLUMÉ.
Tant mieux. Je venais justement t'en
parler.... il faut répondre à Philippot de
Paris?...
SÉRAPHINE.
Tout de suite.
LANGLUMÉ.
Bon !... Il m'écrit lettres sur lettres....
il m'annonce aujourd'hui même que son
associé.,.
SÉRAPHINE.
Un galant homme, sans doute ?....

LANGLUMÉ.
Qui fera un excellent mari..... Donc....
agréé?...
SÉRAPHINE.
Refusé !
LANGLUMÉ.
Hein ?
SÉRAPHINE.
Ecoutez-moi, mon père....
LANGLUMÉ.
J'en reste abasourdi !
SÉRAPHINE.
Je suis votre fille.
LANGLUMÉ.
J'aime à me le persuader.
SÉRAPHINE.
Ma vie vous appartient.
LANGLUMÉ.
Oh ! je te l'ai donnée.... ce qui est donné
est donné....
SÉRAPHINE.
Vous pouvez en disposer, mais mon
cœur est à moi, rien qu'à moi....
LANGLUMÉ.
Certainement, mon enfant. A Dieu ne
plaise que....
SÉRAPHINE.
Eh bien ! ce mariage que vous désirez, il
me fait horreur.
LANGLUMÉ.
N'en parlons plus.
SÉRAPHINE.
Il ne se fera jamais.
LANGLUMÉ.
C'est très-facile. Je vais écrire à Philippot
de Paris que son associé peut chercher
ailleurs.... Un voyageur... ça lui est plus
aisé qu'à tout autre !
SÉRAPHINE.
Vous allez me maudire !....
LANGLUMÉ.
Moi !.... Pristi, non !....
SÉRAPHINE.
Ma résolution est immuable !
LANGLUMÉ.
Raison de plus pour que je ne laisse pas
passer l'heure de la poste !
SÉRAPHINE.
Enfermez-moi dans un couvent.

LANGLUMÉ.
Qui diable te parle de cela ?.... Tu es libre de rester fille.

SÉRAPHINE.
Rester fille !.... Vous seriez un père assez inhumain pour me condamner au célibat ?....

LANGLUMÉ.
En voilà bien d'une autre ! Je ne te condamne à rien du tout. Marie-toi, ne te marie pas, à ton aise.

SÉRAPHINE.
Que les filles sont malheureuses de ne pouvoir disposer de leur cœur sans qu'un père...!

LANGLUMÉ.
Es-tu folle ?

SÉRAPHINE.
Oh ! je vous comprends.... j'épouserai l'associé de Philippot ou je resterai fille.

LANGLUMÉ.
J'ai dit cela, moi ?

SÉRAPHINE.
Vous le pensez.

LANGLUMÉ.
Allons donc !

SÉRAPHINE.
Vous le ferez.

LANGLUMÉ.
Jamais !

SÉRAPHINE.
Vous abuserez de votre autorité.

LANGLUMÉ.
J'ai une autorité, moi ?

SÉRAPHINE.
Vous ferez de ma vie un enfer.

LANGLUMÉ.
Mais c'est toi qui me mets en enfer, cruelle enfant, c'est toi !

SÉRAPHINE.
Est-ce là ce que je dois attendre d'un père, quand j'aurais tant besoin d'être conseillée ?...

LANGLUMÉ.
Sur quoi ?

SÉRAPHINE.
Vous ne savez pas ?

LANGLUMÉ.
Et comment diable veux-tu que je sache ?... suis-je sorcier ?

SÉRAPHINE.
Je vous dirai tout !...

LANGLUMÉ.
Enfin !...

SÉRAPHINE.
O mon père ! reniez-moi pour votre fille !...

LANGLUMÉ.
Par exemple !... Madame Langlumé était une trop honnête femme !

SÉRAPHINE.
Apprenez que j'aime depuis longtemps l'homme le plus illustre de notre époque, un romancier sans égal, un génie transcendant... un...

LANGLUMÉ.
Est-ce à Montargis que se trouve ce gaillard-là ?...

SÉRAPHINE.
Je ne l'ai jamais vu.

LANGLUMÉ.
C'est phénoménal !

SÉRAPHINE.
Mais j'ai appris à le connaître, à l'admirer, à le chérir dans ses ouvrages !... Si vous saviez comme il parle de l'amour !... Je n'aimerai jamais que lui !...

LANGLUMÉ.
Il t'aime donc ?...

SÉRAPHINE.
Je n'en sais rien !...

LANGLUMÉ.
Eh bien ! et lui ?...

SÉRAPHINE.
Je lui ai écrit plusieurs fois !

LANGLUMÉ.
C'est léger !... Il t'a répondu ?

SÉRAPHINE.
Jamais !

LANGLUMÉ.
Alors, je ne comprends pas....

SÉRAPHINE.
Sachant que vous aviez formé l'odieux projet de me marier contre ma volonté...

LANGLUMÉ.
Moi ?..

SÉRAPHINE.

J'ai écrit de nouveau à l'homme de mes rêves pour lui déclarer que je l'aime éperdument.

LANGLUMÉ.

C'est risqué !

SÉRAPHINE.

Que je n'aurai jamais d'autre époux que lui.... Je lui ai offert votre fortune....

LANGLUMÉ.

Pas gênée !...

SÉRAPHINE.

Et ma main !... Je lui ai donné rendez-vous et je l'attends aujourd'hui même.

LANGLUMÉ.

Très-bien !... et il n'est pas venu ?...

SÉRAPHINE.

Au contraire !.. il est ici...

LANGLUMÉ.

Tu l'as vu ?...

SÉRAPHINE.

Non, mais il est venu... vous étiez sorti, et il va revenir : voici sa canne !

LANGLUMÉ.

Sa canne....

SÉRAPHINE.

Une canne qui jouit d'une célébrité européenne.

LANGLUMÉ, *examinant la canne que Séraphine lui a présentée.*

Voyons... Superbe rotin !... à moins que ça ne soit un jonc... La canne de M. le maire ne vaut pas celle-là.

SÉRAPHINE.

La comparer à la canne de M. le maire !

LANGLUMÉ.

Dame ! je ne connais pas celle du sous-préfet.

SÉRAPHINE.

Fi ! fi ! cette canne, mon père, est un vrai trésor... un talisman mystérieux... elle donne de l'esprit à ceux qui n'en ont pas !

LANGLUMÉ.

Bigre !... elle ferait bien mon affaire !...

SÉRAPHINE.

Depuis qu'elle est ici, je me sens l'imagination plus vive, les idées plus lucides... J'enfanterais un chef-d'œuvre !

LANGLUMÉ.

Dans le fait, il me semble que moi aussi... je me sens... un je ne sais quoi... Ça me rend tout guilleret... Et tu crois que cette canne... C'est merveilleux !... Ma foi, je vais me promener un peu avec... faire des visites... j'en aurai bien soin...

SÉRAPHINE.

Il faut que ce soit vous, mon père... pour que... N'allez pas la perdre !...

LANGLUMÉ.

La perdre ?...

AIR de la valse de *Robin-des-Bois.*

Avec cette noble canne,
En bonne fille, permets
Que ton père se pavane,
J'en attends de bons effets!

Ne crains pas que je l'égare,
D'après ce que tu m'as dit,
Perdre une canne si rare,
Ce serait perdre l'esprit.

ENSEMBLE.

Avec cette noble canne, etc.

SÉRAPHINE.

Prenez garde qu'on l'égare,
Mon père, je vous l'ai dit,
Perdre une canne si rare,
Ce serait perdre l'esprit.

(*Langlumé sort.*)

## SCÈNE IX

SÉRAPHINE, *puis* BAUDRILLART.

SÉRAPHINE, *seule.*

Mon père s'en va, tant mieux ! je préfère être seule pour recevoir mon illustre amant. C'est contre l'usage... mais, avec un homme supérieur... Nanette m'a dit : une heure... Le moment approche... un trouble inconnu m'agite .. Sans doute, mon esprit lui plaît... mes productions l'auront contenté... Il n'est pas sans avoir lu le roman que j'ai publié dans le journal de Montargis... Ma fortune doit lui convenir... mais ma personne ?... Répondrai-je à l'idéal qu'il s'est formé ?... Il va venir... Ai-je une toilette d'assez bon goût ?... Ce col est bien simple !... (*Elle se regarde dans une glace.*) Un col de dentelle ferait mieux. (*Elle prend un col sur sa table à ouvrage.*) Oui, celui-là lui plaira davantage... (*Elle vient sur le devant de la scène et entr'ouvre sa robe.*) Nanette! Nanette!...

BAUDRILLART, *entrant, à part.*

Oh! quel cou d'albâtre!... j'arrive toujours à propos. Ma foi! il ne faut pas tenter le diable!... (*Il embrasse le cou de Séraphine.*)

SÉRAPHINE.

Ah!... (*Se retournant.*) C'est lui!... quel cœur!... (*Haut.*) Monsieur!... je croyais... Oh! mon âme... mon âme... Je m'évapore... je me trouve mal.

BAUDRILLART.

Vous êtes trop bien pour cela... Revenez à vous, reine de beauté, miracle d'amour, je ne voulais pas vous offenser, mais l'occasion fait le larron; j'ai payé tribut à vos charmes.

SÉRAPHINE.

Quel langage original!... Monsieur, oublions, l'un et l'autre, ce qui vient de se passer.

BAUDRILLART.

Demandez donc au voyageur épuisé d'oublier la source limpide où il s'est désaltéré; demandez à Mars d'oublier Vénus; demandez... Serait-ce à mademoiselle Langlumé que j'ai l'honneur de parler?

SÉRAPHINE.

Je suis bien votre servante, monsieur.

BAUDRILLART.

Votre santé est bonne, mademoiselle?

SÉRAPHINE.

Vous êtes arrivé de Paris ce matin même?...

BAUDRILLART.

Oui, mademoiselle... et dans une impatience... J'étais ici dès neuf heures... Mais, comme dit le proverbe, rien ne sert de courir, il faut partir à point.

SÉRAPHINE, *à part.*

Qu'il est aimable!...

BAUDRILLART.

Je bénis le ciel d'être venu à Montargis; ce que je vois dépasse mes espérances.

SÉRAPHINE.

Monsieur...

BAUDRILLART.

Oh! je ne suis pas de ceux qui se plaignent que la mariée est trop belle.

SÉRAPHINE.

Vous acceptez donc la proposition?...

BAUDRILLART.

Des deux mains, fichtre!... Oui, je me brûlerai la cervelle si je ne suis pas votre mari... Aux grands maux les grands remèdes!

SÉRAPHINE, *à part.*

Ah!... est-il assez délicieux, cet homme, pas!...

BAUDRILLART, *à part.*

Ça mord! ça mord!... Il faut battre le fer quand il est chaud! (*Haut.*) Dites-moi que ce bonheur caressé par mon esprit ne m'échappera pas.

SÉRAPHINE.

Ah! monsieur!... c'est moi qui ai besoin de cette assurance... c'est moi...

BAUDRILLART, *à part.*

Peste! elle va bien!...

SÉRAPHINE.

Vous êtes disposé à me donner votre nom?

BAUDRILLART.

La plus belle fille du monde... Vous savez le proverbe... Il n'est pas beau, mon nom... mais tel qu'il est.

SÉRAPHINE.

Vous plaisantez... quand on est, comme vous, connu de toute la France.

BAUDRILLART.

Oh! nul n'est prophète dans son pays, comme dit le proverbe.

SÉRAPHINE.

De la France... de l'Europe entière, je veux dire...

BAUDRILLART.

Vous pouvez ajouter de l'univers et de mille autres lieux... notre profession le veut ainsi. Ce n'est pas de nous qu'on peut dire: Qui trop embrasse mal étreint.

SÉRAPHINE.

Et vous ne trouvez pas que je sois bien peu de chose pour m'associer à vous?

BAUDRILLART.
Comment donc!... mais je vous trouve charmante... délicieuse... ravissante.

SÉRAPHINE.
Monsieur, à votre vue, je me sens renaître... Je dépouille la *peau de chagrin*. (A part.) Cette allusion !

BAUDRILLART, *à part*.
La peau de chagrin... connais pas !.. (*Haut*.) A propos, ne pourrais-je présenter mes devoirs à M. Langlumé ?

SÉRAPHINE.
Mon père est sorti... il a même emporté votre canne.

BAUDRILLART, *à part*.
Pas gêné, le vieux !... (*Haut*.) Mais il ne sait pas la manière de s'en servir.

SÉRAPHINE.
Cette canne merveilleuse !...

BAUDRILLART.
Oui, elle possède des avantages...

SÉRAPHINE.
Vous me les ferez connaître ?...

BAUDRILLART.
Parbleu !... Soyez tranquille, je ne vous traiterai pas de Turc à Maure, comme dit le proverbe.

SÉRAPHINE.
Et me direz-vous aussi le secret de ces nombreux enfants...

BAUDRILLART, *à part*.
Qu'est-ce qu'elle dit là ? (*Haut*.) Mademoiselle... croyez bien... J'ai toujours pensé que bonne renommée vaut mieux que ceinture dorée, et qu'entre l'arbre et l'écorce...

SÉRAPHINE.
Oh! vous pouvez avouer une pareille paternité... elle est assez connue...

BAUDRILLART.
De grâce, mademoiselle, ménagez-moi... ces sarcasmes me sont pénibles... D'affreux cancans... des mauvaises langues...

SÉRAPHINE.
Les mille langues de la renommée, monsieur.

BAUDRILLART.
Encore une fois, soyez indulgente.

SÉRAPHINE.
Quand on a mis au jour Eugénie...

BAUDRILLART.
Permettez...

SÉRAPHINE.
Modeste, Ursule, Béatrix, Pierrette...

BAUDRILLART.
Je ne me savais pas une famille si nombreuse ; le bien vient en dormant, il paraît.

SÉRAPHINE.
Pour moi, à vous dire vrai, je n'ai encore donné naissance qu'à Mathilde.

BAUDRILLART, *consterné*.
Plaît-il ?... Comment !... vous dites... vous avouez ?...

SÉRAPHINE.
Qu'avez-vous ?... J'aurais dû vous le cacher, peut-être...

BAUDRILLART.
Il est certain, mademoiselle, que péché caché...

SÉRAPHINE.
Mathilde me sera pardonnée comme une erreur de jeunesse.

BAUDRILLART, *à part*.
Ah! mon Dieu ! dans quel guêpier !...

SÉRAPHINE.
Vous semblez contrarié ?

BAUDRILLART.
Moi ? au contraire... je suis ravi... Ah! je ne saurais vous dire comme je suis bien aise !... Quand le vin est tiré, il faut le boire, dit le proverbe... Eh bien, non, je ne peux avaler celui-là... je jette le manche après la cognée !...

SÉRAPHINE, *à part*.
Comme il se démène !.. je n'y comprends rien.

BAUDRILLART, *de même*.
Allez donc prendre une femme au fond d'une province, c'est pêcher en eau trouble...

SÉRAPHINE.
Monsieur, j'entends mon père.

BAUDRILLART.
A merveille !

SÉRAPHINE.
Je vous laisse traiter avec lui les préliminaires de notre mariage.

BAUDRILLART, *à part.*

Tout doux ! c'est ce que nous allons voir !

SÉRAPHINE, *saluant.*

Monsieur !

BAUDRILLART.

Mademoiselle... madame... (*A part.*) Elle a pourtant l'air modeste.

SÉRAPHINE, *sortant.*

Adieu, grand homme.

## SCÈNE X

**BAUDRILLART,** *puis* **LANGLUMÉ.**

BAUDRILLART, *seul.*

Eh bien, me voilà dans de beaux draps !... Comme on fait son lit on se couche... Chien de Montargis, va ! Drôle de fille... qui me fait un mérite d'être le père supposé de... Oh ! mais il n'y a rien de fait encore, et je retire mon épingle du jeu. (*Entre Langlumé.*) Ce vieillard, jeune encore, est sans doute le père de sa fille... il voudrait me mettre dedans... attention !

LANGLUMÉ.

Ah ! monsieur, que je suis heureux de vous rencontrer !

BAUDRILLART.

Moins que moi, monsieur.

LANGLUMÉ.

De vous voir abrité sous mon toit.

BAUDRILLART.

Est-ce qu'il pleut ?...

LANGLUMÉ.

Un temps superbe !... La ville est avertie de votre arrivée... on vous prépare une ovation... La musique... les autorités... la garde nationale... les mariniers... les pompiers..

BAUDRILLART.

A moi, cette brillante réception ?

LANGLUMÉ.

En pareille circonstance...

BAUDRILLART, *à part.*

C'est sans doute la manière de célébrer les fiançailles à Montargis... Mais, du diable si l'on me fiancera... (*Haut.*) Qui donc a répandu le bruit de ma présence ?...

LANGLUMÉ.

Un personnage comme vous peut-il voyager incognito ? Ma fille m'avait averti, j'ai averti les gendarmes.

BAUDRILLART.

Comment !

LANGLUMÉ.

D'ailleurs cette canne, cette prodigieuse canne, que vous avez laissé ici, elle vous a trahi.

BAUDRILLART, *à part.*

Ah ! oui, ma canne, vous en avez fait vos choux gras, comme dit le proverbe... Où donc est-elle ?

LANGLUMÉ.

Je ne sais, en vérité, si je ne me suis pas conduit comme un animal... mais je n'ai pu résister à l'offre que l'on m'a faite dans votre intérêt même. J'étais sorti avec cette fameuse canne pour la montrer à mes amis. Un de vos admirateurs...

BAUDRILLART.

Surtout... oui... j'estime...

LANGLUMÉ.

Vous êtes...

BAUDRILLART.

J'ai des admirateurs à Montargis ?... Vous devenez...

LANGLUMÉ.

Riche propriétaire, a eu envie de la vôtre, il m'en a offert six mille francs.

BAUDRILLART.

Vous l'avez cédée !... (*Haut.*) j'espère...

LANGLUMÉ.

Ma foi, oui, j'ai pensé qu'au moment d'entrer en ménage, cette petite somme ne vous serait pas désagréable... On va venir vous la verser ici... à moins que vous ne rompiez le marché, comme je vous en ai réservé le droit... Ai-je eu tort ?

BAUDRILLART.

Six mille francs !... on estime ma canne six mille francs !... ma fortune est faite, j'en ai comme ça vingt-cinq douzaines à placer... Placez-les aussi bien, estimable monsieur Langlumé, et je vous fais une remise de vingt pour cent.

LANGLUMÉ.

Tiens... et moi qui la croyais unique dans son genre... Il paraît que les journaux en ont beaucoup parlé de cette canne.

BAUDRILLART.

Parbleu ! ils en parlent tous les jours.

L'inventeur a pris un brevet, et les réclames, les annonces...

LANGLUMÉ.

Ce n'est pas cela... nous ne nous entendons pas... Après tout, je ne suis pas fait pour comprendre... Je n'ai pas eu votre canne assez longtemps dans la main... car, d'après ce que m'a dit ma fille... A propos... elle s'est un peu jetée à votre tête, ma fille...

BAUDRILLART, à part.

Nous y voilà !... Oui... elle en veut à ma tête.

LANGLUMÉ.

Elle est impatiente d'en finir.

BAUDRILLART.

Je le comprends...

LANGLUMÉ.

Comment la trouvez-vous ? Ah ! dame ! une éducation soignée... des principes.

BAUDRILLART.

Surtout... oui, parlons-en, des principes... Vous êtes un heureux père.

LANGLUMÉ.

Vous devenez mon gendre sans barguigner, hein ?

BAUDRILLART, à part.

C'est ça... aussitôt pris aussitôt pendu. (Haut.) Je barguigne !...

LANGLUMÉ.

En vérité ?

BAUDRILLART.

Oui, j'ai fait vœu de rester célibataire.

LANGLUMÉ.

Pourquoi êtes-vous venu, alors ?

BAUDRILLART.

N'y allons pas par quatre chemins et jouons cartes sur table. J'aurais été heureux d'épouser votre fille, mais elle m'a avoué qu'elle avait sur la conscience une faute de jeunesse... qu'elle avait donné le jour à une fille.

LANGLUMÉ, désespéré.

Allons donc !... allons donc !... allons donc !.. Séraphine ?... Vous rêvez...

BAUDRILLART.

Je vous répète qu'elle me l'a déclaré... Ah ! sans cela croyez-vous que j'hésiterais...

LANGLUMÉ.

O mes cheveux blancs ! ô malheureux père !...

BAUDRILLART.

Faut vous calmer, monsieur Langlumé.

LANGLUMÉ.

Me calmer... je veux la confondre, cette malheureuse... Il me faut des preuves... j'en aurai... Je veux la maudire... je veux...

BAUDRILLART.

Il ne sait pas ce qu'il veut.

LANGLUMÉ.

Ce doit être pendant son voyage à Paris... Paris, cette ville où l'on perd tout.

BAUDRILLART.

Ah ! mon Dieu, oui, ça doit être à Paris...

LANGLUMÉ.

Qui l'aurait cru ?... une fille si bien élevée !

BAUDRILLART.

Il n'est pire eau que l'eau qui dort, comme dit le proverbe.

LANGLUMÉ.

D'après cela, monsieur, je comprends vos scrupules, vous êtes libre...

BAUDRILLART.

Votre serviteur, monsieur.

## SCÈNE XI

LANGLUMÉ, puis NANETTE.

LANGLUMÉ.

Eh bien ! malgré tout, je ne puis le croire... Non, je ne puis pas me tourner ça dans la cervelle... une Langlumé, ma propre fille ! (Nanette entre.) Ah ! te voilà, toi !

NANETTE.

Oui, monsieur.

LANGLUMÉ.

Arrive ici... approche... Réponds... tais-toi... Où est la petite ?... où demeure la nourrice ?... répondras-tu ?

NANETTE.

Est-ce que la tête déménage ?

LANGLUMÉ.

Tu vas m'y conduire.

NANETTE.

Où ?...

LANGLUMÉ.

Quand? comment? avec qui?

NANETTE.

Quoi donc?

LANGLUMÉ.

Voyez si la pendarde répondra!...Écoute, ma petite Nanette, tu es une brave fille... j'ai besoin de te questionner.

NANETTE.

Sur qui?

LANGLUMÉ.

Sur ma fille.

NANETTE.

A votre aise.

LANGLUMÉ.

Pendant votre séjour à Paris, chez sa tante, s'est-elle toujours bien conduite?

NANETTE.

La tante?

LANGLUMÉ.

Non, ma fille.

NANETTE.

Voilà une question !... Oui,..

LANGLUMÉ.

Non.

NANETTE.

Vous en savez plus long que moi, alors.

LANGLUMÉ.

Cet étranger de ce matin...

NANETTE.

Le gros à la canne?...

LANGLUMÉ.

Prétend que ma fille lui a avoué...

NANETTE.

Il est de fait qu'ils sont restés longtemps ensemble.

LANGLUMÉ.

Certain péché de jeunesse...

NANETTE.

Eh bien, après?

LANGLUMÉ.

Je m'entends... Il s'agit d'une faute qui empêche à tout jamais une fille bien née de devenir la femme d'un galant homme.

NANETTE.

Vous croyez?... Pour galant, il l'est, le gros... A preuve qu'il m'a embrassée deux ou trois fois.

LANGLUMÉ.

Voyons, que penses-tu de tout cela?

NANETTE.

Air : *Jean ne ment pas*.

Mademoiselle est honnête,
Au-dessus de tout soupçon,
Et sa conduite parfaite
Honore votre maison.
Son esprit bat la breloque,
J'en conviens sans équivoque,
Mais la vertu c'est sa loi,
Et pour que mon témoignage
Lui soit un solide gage,
J'en réponds comme de moi.

LANGLUMÉ.

J'aimerais autant une autre assurance.

NANETTE.

Au surplus, je vais appeler mademoiselle.

LANGLUMÉ.

Non... qu'elle ne sache rien encore. Je veux la confronter avec l'étranger... Va me le chercher dans tous les hôtels... amène-le mort ou vif; moi, je vais tâter adroitement Séraphine... Non, je ne peux pas croire ça. (*Il sort.*)

## SCÈNE XII

NANETTE, *puis* LIÈVRE.

NANETTE.

Et son nom que je ne sais pas... Comme ça sera commode d'aller réclamer M. Chose ou M. Machin; encore si je lui connaissais un signe particulier! (*Lièvre entre.*) M. Lièvre!... Bon, je vais lui donner la commission.

LIÈVRE, *avec importance*.

Brum! brum! brum!... Suis-je ici au domicile du sieur Langlumé?

NANETTE.

Qu'est-ce que cette nouvelle farce?... Avez-vous fini vos manières?

LIÈVRE.

Taisez-vous, fille de service! ainsi dénommée. Je dois parler à la personne de M. Langlumé... Qu'on me l'apporte incontinent... Allez... De par la loi, allez!

NANETTE.

En voilà une justice borgne... *(Elle sort.)*

## SCÈNE XIII
LIÈVRE, LANGLUMÉ.

LIÈVRE, *seul.*

Ah! ta fille fait la fière... la belle Séraphine ne veut pas de moi!... J'ai là ma vengeance... Tu vas payer pour elle, toi l'auteur de ses jours.

LANGLUMÉ, *entrant.*

Vous me demandez?

LIÈVRE.

Oui, monsieur; un devoir pénible, avant de déposer une plainte en escroquerie contre vous.

LANGLUMÉ.

Moi... escroc à présent !?... Voulez-vous bien prendre la porte, manant !

LIÈVRE.

Tout beau !... j'instrumente. Donc, avant...

LANGLUMÉ.

Après, monsieur ?

LIÈVRE.

M. Coquardon, par égard pour votre ancienne amitié, nous a chargé d'une démarche conciliante.

LANGLUMÉ.

Par huissier !... C'est bien la manière de Montargis.

Si vous consentez à rompre le marché de six mille francs, et à reprendre certaine canne apocryphe qui .. que... vous comprenez...

LANGLUMÉ.

De tout mon cœur, parbleu !... Elle n'est pas à moi, cette maudite canne.

LIÈVRE.

L'auriez-vous volée ?...

LANGLUMÉ.

Vous mériteriez, monsieur, qu'on vous en donnât une... de volée.

LIÈVRE.

Les choses n'iront pas plus loin... Je suis heureux, monsieur, que mon devoir me soit rendu aussi facile... il m'eût été pénible...

LANGLUMÉ.

Oui-da !

LIÈVRE.

J'ai bien l'honneur...

LANGLUMÉ.

Non... attendez... Une idée... Vous êtes un aimable garçon...

LIÈVRE.

Vous me rendez justice, vous !

LANGLUMÉ, *à part.*

Bête comme un potau, c'est mon affaire... (*Haut.*) De l'esprit, de l'éducation, de l'ordre. du physique...

LIÈVRE.

Que serait-ce, si je n'avais pas la moitié du visage dissimulé?...

LANGLUMÉ, *à part.*

Justement, imbécile, tu es moins laid de moitié. (*Haut.*) Peu de fortune... mais on y remédiera. Vous avez ambitionné la main de ma fille... je vous en fais concession.

LIÈVRE.

Hein ?

LANGLUMÉ.

Vous le pouvez, je le veux.

LIÈVRE.

Et si elle ne le veut pas, elle ?...

LANGLUMÉ.

Elle le voudra... Je l'exigerai. (*A part.*) Maladroit, je vais me trahir. (*Haut.*) C'est dit, monsieur, vous serez mon gendre. *A part en s'en allant.)* Oh! hente !! (*Il sort*)

## SCÈNE XIV
LIÈVRE, *seul.*

Est-ce possible !... on me la donne ! celle que j'aime, celle que j'adore .. celle que je rêve... celle qui... celle que...

Air: *Entre dans ma tartane.*
  Elle sera la femme
  O Faublas séducteur.
  Viens donc, gentille dame,
  Sous mon toit protecteur.
Oh! nous allons filer des jours d'or et de soie,
Je n'envie à ces émotions
Qui remplissent le cœur d'une indicible joie...
Elle me copira des assignations.

Parlant à sa personne,
Je cours la requérir
Et puisqu'on me la donne,
Je tiens à la saisir.
(*Il s'en va joyeux et heurte Baudrillart qui entre.*)

BAUDRILLART.
Vous n'y voyez donc pas, que diable !

LIÈVRE.
Une bosse au front... fâcheux pronostic !
(*Il sort.*)

## SCÈNE XV

BAUDRILLART, *puis* NANETTE.

BAUDRILLART, *seul, tenant un paquet de cannes.*
Il m'est pénible de venir encore attrister cette maison... mais je ne veux pas renoncer à ces six mille francs ; et puis, comme les cannes se vendent bien ici, je veux en mettre en dépôt chez ce père dévasté.

NANETTE, *entrant.*
Ah ! c'est encore vous ?

BAUDRILLART.
Oui.

NANETTE.
J'allais justement vous chercher.

BAUDRILLART.
Vraiment ? qu'est-ce donc ?

NANETTE.
Ah ! ce n'est pas moi qui peux vous le dire. (*Appelant.*) Monsieur !... mademoiselle !... par ici, le gros réjoui est là.

## SCÈNE XVI

LES MÊMES, SÉRAPHINE, LANGLUMÉ.

BAUDRILLART.
Que signifie... ?

LANGLUMÉ.
Pardon, monsieur, de vous avoir dérangé.

BAUDRILLART.
Pas du tout, je venais moi-même...

LANGLUMÉ, *apercevant les cannes dans les mains de Baudrillart.*
Monsieur, vous n'aviez pas besoin de ces armes offensives, l'éclaircissement sera pacifique.

BAUDRILLART.
J'aime à le croire... Ce que vous prenez pour des armes, c'est tout simplement de la marchandise.

SÉRAPHINE.
De la marchandise !...

LANGLUMÉ.
Vous êtes donc marchand ?

SÉRAPHINE.
Marchand... lui... cet homme illustre ?

BAUDRILLART.
Certes, je suis marchand... voyageur du commerce.

LANGLUMÉ.
Quoi ! vous n'êtes pas le...?

SÉRAPHINE.
L'homme de mes rêves... le romancier observateur ?...

BAUDRILLART.
Je n'y suis pas du tout !

LANGLUMÉ.
Mais vous nous avez trompés, monsieur.

SÉRAPHINE.
C'est une indignité !

BAUDRILLART.
Drôle de querelle qui me tombe sur les bras !

LANGLUMÉ.
Mais qui êtes-vous donc ?... Vient-on chez les gens seulement sans dire son nom.

BAUDRILLART.
Dame ! personne ne me l'a demandé... Je croyais qu'on le savait par cœur.

Débarquant de diligence
Quand j'arrive en ce logis,
Accueil plein de prévenance,
Partout visages d'amis.
De compliments on m'accable,
Je me sens le bienvenu,
On m'offre une bonne table
Et moi qui suis ingénu,
Je me dis : je suis connu,
Connu, parfaitement connu.

SÉRAPHINE.
Ainsi, vous n'êtes pas l'auteur d'Eugénie ?

BAUDRILLART.
Non, mademoiselle, non !... Je repousse

de toutes les forces de mon honnêteté cette progéniture... J'ai bon dos, sans doute, comme dit le proverbe, mais...

SÉRAPHINE.

Mais, monsieur, Eugénie Grandet, Modeste, Mignon, Ursule Mirouët, sont les plus beaux romans de notre époque.

BAUDRILLART.

Je ne dis pas le contraire... Ah ! imbécile que je suis ! quelle révélation !... On m'a pris pour lui... pour l'auteur immortel...

SÉRAPHINE.

Hélas ! oui... et vous ne l'êtes pas !...

BAUDRILLART.

Chacun son métier, comme dit le proverbe... Mais qui diable a pu vous donner l'idée que j'étais..? Il est vrai que quelques personnes trouvent qu'il me ressemble.

SÉRAPHINE.

Un génie... un esprit... un cœur...

BAUDRILLART.

Quant aux qualités du cœur... je ne crains personne...

SÉRAPHINE.

J'ai juré d'être sa femme.

BAUDRILLART.

Alors, il ne fallait pas le laisser se marier.

SÉRAPHINE.

Ciel !...

BAUDRILLART.

Mon Dieu, oui, il est marié... bien marié...

NANETTE.

C'est-y drôle, tout ça !

LANGLUMÉ.

Mais Mathilde, monsieur, cette Mathilde qui vous a tant effarouché... et moi aussi ?

SÉRAPHINE.

Un enfant de ma plume... un premier et timide essai.

BAUDRILLART.

Même genre de procréation que les Eugénie, Ursule, Modeste... Oh ! c'est bien différent, alors... Je me dédis de ce que j'ai dit... et, si mademoiselle veut me pardonner ce petit malentendu...

## SCÈNE XVII

LES MÊMES, LIÈVRE.

LIÈVRE, *accourant tout essoufflé.*

Voilà la canne !... Tout est arrangé, beau-père.

SÉRAPHINE.

Que dit-il ? beau-père !... Ah ! soutenez-moi.

NANETTE.

Elle va s'évanouir.

LANGLUMÉ.

Tranquillise-toi, chère fille, ce n'est qu'une fausse alerte. (A *Lièvre*.) Taisez-vous !

BAUDRILLART.

Ma canne !... Eh bien, le marché ne tient donc pas ?

LIÈVRE.

L'acquéreur ayant conservé la canne pendant deux heures, sans avoir eu la moindre idée, la plus petite pointe d'esprit, en nie la vertu et...

BAUDRILLART.

C'est un imbécile.

SÉRAPHINE.

Mais enfin, monsieur, les initiales gravées sur cette canne, H. B. ?

BAUDRILLART.

Parbleu ! Honoré Baudrillart, commis voyageur, représentant de la maison Philippot de Paris...

LANGLUMÉ.

Qu'entends-je ?...

SÉRAPHINE.

Vous êtes ?...

NANETTE.

Commis voyageur ! ça ne m'étonne plus qu'il embrasse tant.

BAUDRILLART.

Je venais...

LANGLUMÉ.

Eh ! monsieur, je suis charmé de vous voir, j'aime bien mieux ça, moi !

BAUDRILLART.

Et moi, donc !...

LANGLUMÉ.

Séraphine, si monsieur...

SÉRAPHINE, *à part.*

Mon cœur parle pour lui, et pourtant quelle chute !

BAUDRILLART.

Mademoiselle, j'ai fait un pas de clerc... j'avais pris des vessies pour des lanternes, comme dit le proverbe... Avoir pu croire un instant... Ah ! tenez, je suis une huître, épousez-moi.

LIÈVRE.

Et moi, donc ?

NANETTE.

Est-ce que vous n'allez pas vous taire ? vous voyez bien qu'ils se conviennent, ces deux jeunes gens.

SÉRAPHINE.

Monsieur Honoré, le temps peut-être...

BAUDRILLART.

Non, tout de suite. La marée n'attend pas, et, comme dit le proverbe, un tiens vaut mieux que deux tu l'auras.

LANGLUMÉ.

Il a raison, ma fille.

SÉRAPHINE.

Je consens, monsieur ; après tout ce qui s'est passé entre nous, ce mariage est nécessaire.

BAUDRILLART.

Tenez, mademoiselle, voilà ce que j'appelle une phrase à succès.

LIÈVRE.

Comment ! comment !... mais j'ai la promesse du père !..

NANETTE.

Eh bien, épousez-le, le père ; personne ne vous le dispute.

LIÈVRE.

J'assignerai !... Je ne la demandais pas... On me l'a colloquée en promesse... offre réelle...

LANGLUMÉ.

Quelle vision !...

NANETTE.

Ce que c'est que de n'y voir que d'un œil.

LIÈVRE.

Et pas de titre... pas de témoin... je suis refait !

NANETTE, *le toisant.*

Plût à Dieu !

LANGLUMÉ.

Allons, mes enfants, je suis content, nous sommes contents... vous êtes contents... tout est expliqué, excepté pourtant un secret... Cette canne... cette fameuse canne...

BAUDRILLART.

Parbleu ! c'est une canne-parapluie.

LANGLUMÉ.

Allons déjeuner, et ce soir nous songerons au contrat....

ENSEMBLE.

Allons nous mettre à table,
Après tant de tracas
Il est bien désirable
De faire un bon repas.

BAUDRILLART, *au public.*

AIR *de la Sentinelle.*

Quand l'écrivain pour lequel on m'a pris
Mettait au jour ses pages magnifiques,
Il était sûr de remporter le prix
Et défiait d'impuissantes critiques.
Veuillez, messieurs, par égard pour ce nom,
Dont à vos yeux la splendeur est si grande,
　Continuant l'illusion,
　Laisser en cette occasion
Prendre un succès de contrebande.

**REPRISE DE L'ENSEMBLE.**

FIN DE LA CANNE D'UN GRAND HOMME.

Je ne veux pas que cette pièce soit livrée à la publicité sans y rattacher le nom de mon excellent ami Eugène Audray-Deshorties, qui lui a donné l'hospitalité de son délicieux théâtre, et qui l'a faite un peu sienne par les soins particuliers qu'il a bien voulu donner à la mise en scène.　　　　　EM. CH.

Paris. — Typ. de Cosson et Comp., rue du Four-Saint-Germain, 43.

www.ingramcontent.com/pod-product-compliance
Lightning Source LLC
Chambersburg PA
CBHW060628050426
42451CB00012B/2484